VENTE

du Mardi 26 Décembre 1911

HOTEL DROUOT — SALLE N° 11

A 2 HEURES

Tableaux et Aquarelles

DESSINS, PASTELS, GOUACHES, MINIATURES, GRAVURES

MEUBLES - OBJETS D'ART

ANCIENS ET DE STYLE

Bijoux, Dentelles, Filets, Etoffes

TAPIS ANCIENS D'ORIENT

Mᵉ GASTON FRANÇOIS

COMMISSAIRE-PRISEUR

23, Rue Le Peletier, 23

M. ARTHUR BLOCHE

EXPERT PRÈS LA COUR D'APPEL

21, Boulevard Haussmann, 21

EXPOSITION PUBLIQUE

Le Lundi 25 Décembre 1911 (jour de Noël) de 2 h. à 5 h.

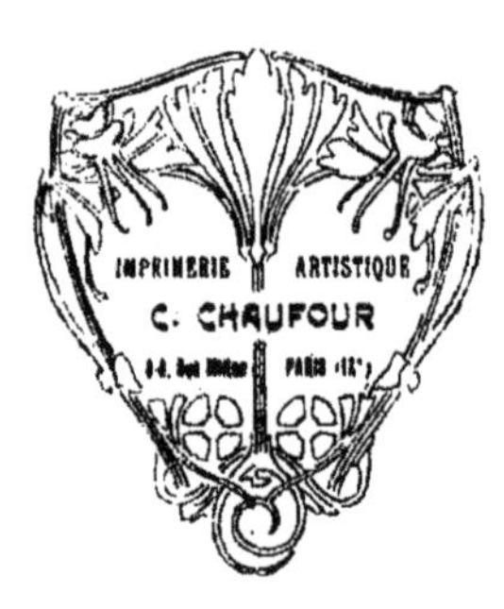

IMPRIMERIE ARTISTIQUE
C. CHAUFOUR
PARIS

CONDITIONS DE LA VENTE

Elle sera faite expressément au comptant.

Les acquéreurs paieront 10 o/o en sus des enchères.

L'exposition publique mettant les acheteurs à même de se rendre compte de l'état des objets, il ne sera admis aucune réclamation une fois l'adjudication prononcée.

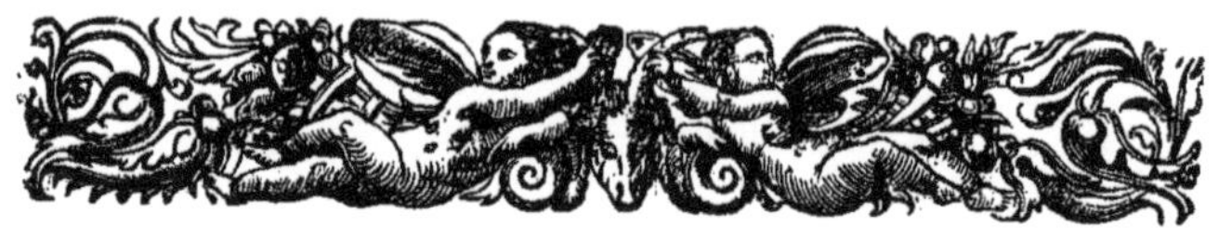

DÉSIGNATION

PASTELS. TABLEAUX.

AQUARELLES. GRAVURES. GOUACHES.

1 — ALAUX. Scène Romaine. Sépia.

2 — ALLEGRI dit le CORRÈGE (d'après). Le
Sommeil d'Antiope.

3 — BONINGTON (Attribué à). Entrée de Vil-
lage. Paysage.

4 — BONINGTON (Attribué à). Marine.

5 — BRUNEL NEUVILLE. La Chasse à l'es-
cargot.

6 — BRUNEL NEUVILLE. Le Déjeuner des
chats.

7 — COROT (Attribué à). Deux dessins au fusain.

8 — COROT (Attribué à). Étude d'Italie. Dessin.

9 — DE DREUX (Attribué à ALFRED). Groom et chevaux de selle.

10 — DUPRÉ (Attribué à VICTOR). Paysage. Aquarelle.

11 — FORTUNEY. Aux Courses. Pastel.

12 — FORTUNEY. Scène de la rue. Pastel.

13 — GILDA. Baigneuse. Pastel.

14 — GILDA. Au Bord de l'eau. Pastel.

15 — GILDA. Le Réveil. Pastel.

16 — HEMON. Tête de fillette.

17 — KAIRE (H.). Le Port de Nice.

18 — MAX VALLÉE. Paysage.

19 — MEISSONNIER (Genre de). Officier du
Génie. 1860.

20 — MONTICELLI (Genre de). Paysage, cadre
bois sculpté.

21 — JULES NOEL' (Attribué à). « Le Mes-
sager ».

22 — ROGÉRAS. Séduction. Pastel.

23 — ROGÉRAS. Coquetterie. Pastel.

24 — SAUZAY (Adrien). Le Château de Clisson.

25 — SCHALL (D'après). La Comparaison, Gravure en couleurs.

26 — SCHMETZ. Fragment des adieux de Fon-
tainebleau. Dessin.

27 — SVEILLET (Attribué à). Femme puisant
de l'eau.

28 — STEIN (Georges). La Porte Saint-Denis.

29 — STEIN (Georges). Les Tuileries.

30 — STEIN (Georges). La Place du Châtelet.

3ı — STEIN (Georges). Le Pont-Neuf.

32 — STEIN (Georges). L'Avenue des Champs-Elysées.

33 — STEIN (Georges). La Place de l'Observatoire.

34 — TITIEN (École du). Vénus couchée, cadre bois sculpté.

35 — VAN LOO (Attribué à). Portrait d'homme.

36 — VERNET (Genre de Joseph). Marine. Cadre doré.

37 — ÉCOLE FLAMANDE. Scène avec personnages.

38 — ÉCOLE FLAMANDE. Halte à l'Auberge.

3g — ÉCOLE FRANÇAISE. Portrait de femme. Dessin à la sanguine.

40 — ÉCOLE FRANÇAISE. Groupe de cavaliers Louis XVI dans un paysage. Cadre noir.

41 — ECOLE FRANÇAISE. Tête de vieillard.

42 — ECOLE FRANÇAISE. Portrait de femme Louis XV. Cadre ancien bois sculpté. Pastel.

43 — ECOLE FRANÇAISE. La Femme à la rose.

44 — ECOLE FRANÇAISE. Paysage. Cadre bois sculpté.

45 — ECOLE FRANÇAISE. Portrait de femme en costume xviiie siècle.

46 — ECOLE ITALIENNE. Femme nue surprise par un faune.

47 — ECOLE XVIIIe SIÈCLE. Peinture décorative. Cadre bois sculpté.

48 — ECOLE ANCIENNE. Petit panneau peint et encadré : La Vierge et l'Enfant.

49 — Gravure en couleur : Le Billet doux.

50 — Gravure en couleur : Les Hazards heureux de l'escarpolette.

51 — Gravure en couleur : Vénus et le jeune
Ascagne.

52 — Gravure en noir : L'Esclave heureuse.

53 — DEBUCOURT (D'après). Annette et Lubin.

54 — Tête de jeune fille alsacienne. Dessin aux
trois crayons.

SCULPTURES, BRONZES

OBJETS D'ART

55 — Statue en bronze : La Esméralda par CHALON.

56 — Groupe : Cheval et tigre en bronze, par
L. CARVIN.

— Surtout : Orchidées en bronze par CHALON.

58 — Buste en merbre grandeur nature : Portrait
présumé de Madame de Staël, dans le goût du
XVIIIᵉ siècle.

59 — Statuette en marbre blanc et de couleur :
La Vénus de Milo.

60 — Statuette en marbre : L'Enfant et l'Oiseau.

61 — Buste en marbre : La Dubarry.

62 — Garniture de cheminée en bronze composée d'une pendule et deux candélabres.

63 — Buste de petite fille en marbre représentant La Fête à grand-papa.

64 — Petite statuette en marbre : L'Amour enchainé.

65 — Breton et Bretonne. Groupe en bronze.

66 — Buste de jeune fille en marbre. Style XVIIIe siècle.

67 — Statuette bronze : Jeune enfant jouant du pipeau.

68 — Jardinière de style Louis XV en métal blanc.

69 — Mortier et pilon en bronze du XVIIe siècle.

69 *bis* — Samovar en cuivre rouge.

70 — Lustre à bougies en bronze.

70 *bis* — Lanterne d'antichambre en fer forgé.

71 — Brasero en cuivre rouge avec support en fer forgé. Epoque Louis XIII.

72 — Triptyque monture bronze : Scènes galantes.

73 — Coupe bleue genre de Sèvres, monture bronze.

74 — Service à liqueurs métal doré, huit pièces.

MINIATURES, BIJOUX

75 — Miniature sur ivoire : Portrait de femme en costume Empire avec cadre en bronze ciselé.

76 — Sujet galant , Miniature sur ivoire.

77 — Jeune femme Louis XVI, Miniature sur ivoire.

78 — Princesse de Bourbon-Conty. Miniature
sur ivoire.

79 — Broche formée de deux médaillons avec
miniatures, entourage marcassites.

80 — Broche avec miniature entourée de marcassites.

81 — Trois broches fantaisie, marcassites et
pierres.

82 à 91 — Dix miniatures. Sujets variés.

92 — Montre de dame savonnette, en or guil-
loché.

93 — Etui à rouge, tout en or, dessin rocailles.

94 — Petite glace de dame en or, dessin dia-
gonal.

95 — Petite broche, couronne en or, pierreries
de couleurs de fantaisie et trois petits brillants.

96 — Petite montre de dame, forme Louis XVI,
en or émaillé vert, entourage en demi-perles.

97 — Deux épingles à cheveux, enrichies de rubis, saphirs et roses.

98 — Broche, forme croissant, avec oiseau tout en roses.

99 — Bague, petite marquise en brillants.

100 — Bague, or ciselé, avec chiffre gravé.

101 — Petit bandeau, orné de roses.

102 — Deux montres en or à remontoir. (Sera divisé).

103 — Un bracelet-gourmette en or.

104 — Deux pendants d'oreilles en or et améthyste.

105 — Deux pendants d'oreilles rubis.

106 — Une bague ornée de cinq saphirs.

107 — Une bague croisée perle fine et grenat.

108 — Petit bracelet en or orné de dix pierres de couleurs.

109 — Une épingle de voile en or.

110 — Deux boutons d'oreilles en or, ornés chacun
d'une perle fine.

111 — Huit boutons anciens en marcassite.

112 — Pendentif Renaissance, argent émaillé,
orné de perles, rubis et émeraude.

113 — Bracelet en argent doré.

PORCELAINES, FAIENCES

OBJETS DE VITRINE

114 — Jardinière en faïence de Talavera, décorée
de feuillages et d'animaux.

115 — Soupière en porcelaine de la Compagnie
des Indes.

116 — Saucière en porcelaine décorée à écussons
de la Compagnie des Indes.

117 — Plat en ancienne porcelaine de Kontahia.

118 — Coffret orné d'une peinture espagnole.

119 — Coffret italien.

120 — Coffret en ébène incrusté d'ivoire. Travail italien.

121 — Aspergeoir en émail et filigramme. Travail indien.

122 — Cadre monture argent.

122 *bis* — Petit coffret en marqueterie et bois de roses.

123 — Petit groupe en porcelaine décorée : La Partie d'échecs.

124 — Groupe en porcelaine décorée : La Leçon de harpe.

125 — Paire de vases à personnages en porcelaine de Chine.

126 — Théière veilleuse en porcelaine de Paris, xixe siècle.

127 — Deux cuillères persanes.

128 — Tasse persane en bronze.

129 — Quatre turquoises persanes.

130 — Boîte à gants, miniature et bronze.

131 — Éléphant en ivoire.

132 — Éléphant en bois noir.

133 — Coffret à bijoux, genre vitrine bronze et glace.

134 — Miniature cadre bronze et émail.

135 — Boîte en émail cloisonné.

136 — Boîte décor noir et or.

137 — Glace à main, miniature et bronze.

138 — Petit vase.

139 — Nécessaire de huit brosses montées sur ivoire.

140 — Christ en ivoire.

141 — Pendule de voyage.

142 — Atelier ivoire.

143 — Broche ivoire sculpté.

144 — Flacon jade.

145 — Manche d'ombrelle cloisonné.

146 — Écharpe égyptienne, lamée d'argent.

147 — Service à café en cristal bleu de Venise, rehaussé d'or.

MEUBLES

148 — Console et trumeau Louis XVI, bois sculpté et doré.

149 — Trumeau Louis XVI, glace et décoration, bois sculpté, doré et laqué.

150 — Cadre en bois sculpté Louis XV.

151 — Grande armoire Louis XVI à deux battants en noyer sculpté.

152 — Cadre de glace en bois sculpté et doré à rocailles et ornements, époque xviiie siècle.

153 — Cadre de miroir en bois sculpté et doré à torse de lauriers et feuillages, xviie siècle.

154 — Petit lit de repos en bois d'acajou sculpté et ajouré, époque 1er Empire avec coussins de velours.

155 — Ancienne armoire chinoise en bois laqué et doré, ouvrant à deux portes, et offrant à l'intérieur de nombreux tiroirs, ornements en bronze, et pied de console en bois sculpté.

156 — Coffre gothique en bois sculpté.

157 — Secrétaire en marqueterie de style Louis XVI.

158 — Commode en marqueterie de style Louis XVI, ornée de bronzes, dessus marbre.

159 — Douze chaises Louis XIII à hauts dossiers recouvertes en cuir de Cordoue.

160 — Table à thé en bois de santal sculpté.

DENTELLES, FILETS

ÉTOFFES — BRODERIES — TAPIS

161 — Grand couvre-lit filet brodé d'animaux fantastiques.

162 — Grand couvre-lit en broderie.

163 — Bas de store en filet brodé.

164 — Bas de store à carrés de filets et de broderie.

165 — Echarpe brodé.

166 — Mouchoir brodé.

167 — Coupe de six mètres dentelle de Malines.

168 — Coupe de huit mètres dentelle de Milan.

169 — Gilet Louis XV brodé de soies en couleurs.

170 — Petit tapis soie brodée. Epoque Renaissance.

171 à 178 — Huit coupes de filet ancien. (Sera divisé.)

179-180 — Deux dessus de lit en filet et dentelle.

181 — Ancien tapis de Daghestan à médaillon polychrome.

182 — Ancien trqis d'Anatolie à fond rouge, dessin archaïque.

183 — Ancien tapis persan à dessins et fleurs polychromes.

184 — Ancien tapis de Daghestan à fond jaune.

185 — Grand tapis persan, fond bleu à fleurs multicolores.

$3^m40 \times 3^m20$.

186 — Grand tapis de Smyrne à fond rouge, dessin polychrome.

$4^m \times 3^m$.

187 — Tapis de Smyrne fond rose, à fleurs et bordure polychrome.

188 — Grand tapis de Smyrne à médaillon central, fond beige, bordure polychrome.

$4^m40 \times 3^m05$.

189 — Tapis de prière fond rouge, bordure noire.

190 — Lot de vingt-cinq coupons d'étoffes orientales. (Sera divisé.)

191 — Deux portières de Karamanie.

192 — Deux portières en cretonne persane imprimée.

193 — Portière en toile brodée. Travail portugais.

194 — Grande couverture de lit en soie jaune brodée. Travail portugais.

195 — Tapis du Maroc, dessins polychromes.

196 — Peau de cerf.

197 — Deux coupes d'étoffes anciennes de Perse.

198 — Coupe étoffe persane moderne.

199 — Tapis double face persan.

200 — Portière royale, argentée et brodée.

201 — Couverture en soie brodée et argentée.

202 — Dessus de piano brodé soie.

203 — Petit dessus de table soie brodée.

204 — Enveloppe-coussin brodée et argentée fond rouge.

205 — Petit tablier à bavette soie brodée.

206 — Deux dessus de coussins.

207 — Aumônière soie brodée.

208 — Tapisserie à personnages.

209 — Dessus de canapé brodé laine.

210 — Deux dessus de coussins brodés laine.

211 — Dessus de table brodé laine.

213 — Objets omis.